CATALOGUE
D'OBJETS D'ANTIQUITÉS
ÉGYPTIENNES, GRECQUES & ROMAINES

TELLES QUE

**Bronzes, Terres cuites, Vases Grecs en Terre peinte, Verrerie, Bijoux
Peintures à Fresques, Camées, etc., etc.,**

ET DE

MÉDAILLES
ANTIQUES, GRECQUES, ROMAINES & DU MOYEN-AGE

EN

ARGENT ET EN BRONZE

DONT LA VENTE AUX ENCHÈRES PUBLIQUES AURA LIEU
A PARIS

Par Cessation de Commerce de M. Carles Delange fils aîné

***Les Jeudi 19 (pour les Antiquités) et Vendredi 20 Avril 1860
(pour les Médailles), à 1 heure.***

Par le ministère de **Me Charles PILLET**, Commissaire-Priseur,
rue de Choiseul, 11;
Assisté de **M. ROLLIN**, pour les Médailles, rue Vivienne, 12,
Et de **M. ROUSSEL**, pour les Antiquités,
Chez lesquels se distribue le présent Catalogue.

EXPOSITION PUBLIQUE
Le Mercredi 18 Avril 1860, de 1 heure à 4 heures.

PARIS
RENOU & MAULDE
IMPRIMEURS DE LA COMPAGNIE DES COMMISSAIRES-PRISEURS
Rue de Rivoli, 144.

1860

CATALOGUE
D'OBJETS D'ANTIQUITÉS
ÉGYPTIENNES, GRECQUES & ROMAINES

TELLES QUE

Bronzes, Terres cuites, Vases Grecs en Terre peinte, Verrerie, Bijoux
Peintures à Fresques, Camées, etc., etc.,

ET DE

MÉDAILLES
ANTIQUES, GRECQUES, ROMAINES & DU MOYEN-AGE

EN

ARGENT ET EN BRONZE

DONT LA VENTE AUX ENCHÈRES PUBLIQUES AURA LIEU
A PARIS

Par Cessation de Commerce de M. Carles Delange fils aîné

Les Jeudi 19 (pour les Antiquités) et Vendredi 20 Avril 1860
(pour les Médailles), à 1 heure.

Par le ministère de Me **Charles PILLET**, Commissaire-Priseur,
rue de Choiseul, 11;
Assisté de M. **ROLLIN**, pour les Médailles, rue Vivienne, 12,
Et de M. **ROUSSEL**, pour les Antiquités,
Chez lesquels se distribue le présent Catalogue.

EXPOSITION PUBLIQUE
Le Mercredi 18 Avril 1860, de 1 heure à 4 heures.

PARIS
RENOU & MAULDE
IMPRIMEURS DE LA COMPAGNIE DES COMMISSAIRES-PRISEURS
Rue de Rivoli, 144.

1860

CONDITIONS DE LA VENTE

Elle sera faite au comptant.

Les acquéreurs paieront, en sus des adjudications, cinq pour cent applicables aux frais de vente.

DÉSIGNATION

DES OBJETS

Antiquités égyptiennes.

1. Terre émaillée. — Trois figurines en forme de momie, couvertes de caractères hiéroglyphiques.
2. Dito. — Divinité à tête d'ibis.
3. Dito. — Groupe, deux figures grotesques, sujet érotique.
4. Dito. — Douze amulettes; animaux divers.
5. Dito. — Petite amphore ayant la forme d'un cynocéphale.
6. Dito. — Vingt-deux scarabées portant sur la partie plate des hiéroglyphes, dont plusieurs ont des cartouches royaux : ce lot sera divisé.
7. Terre cuite. — Deux divinités debout, la tête surmontée d'un disque et de deux plumes, terre brune non émaillée.
8. Terre peinte. — Tête de femme, de haut-relief et coiffée d'un capuchon à oreilles et cornes de bélier.
9. Serpentine. — Deux figurines en forme de momie, les bras croisés sur la poitrine et tenant divers attributs. Elles sont chargées de caractères hiéroglyphiques, gravés en creux.
10. Dito. — Scarabée offrant sur la partie plate cinq rangées de caractères hiéroglyphiques.
11. Dito. — Un cynocéphale et un chien, plus deux petites amulettes en cornaline et en jaspe rouge.

12. Basalte vert. — Tête de serpent. Très-beau fragment.

13. Cire. — Ibis accroupi, emblème de Thoth. (Rare.)

14. Bois. — Divinité debout, la tête coiffée pschênt. Elle a conservé des restes de dorure ; les yeux sont en émail et la barbe en bronze. Cette figure est adossée à un obélisque également en bois peint. (Monument très-curieux.)

15. Peinture sur toile provenant d'un sarcophage. — Les quatre génies de l'Amenti.

16. Or. — Un petit épervier (applique). Deux petites plaques gravées en argent représentant des divinités; plus deux plaques en cuivre gravées même travail, et deux amulettes en bronze.

17. Albâtre. — Amphore de forme ovoïde, ouverture à gorge.

Antiquités grecques et romaines.

18. Terre cuite. — Sarcophage de forme rectangulaire, offrant sur le couvercle une figure couchée ; la face principale est ornée d'un bas-relief représentant un combat.

19. Dito. — Autre sarcophage semblable, mais plus grand.

20. Dito. — Figurine de femme debout, à demi drapée.

21. Dito. — Trois autres figurines.

22. Dito. — Deux figurines, dont un génie ailé assis sur un cheval, et un mascaron à figure humaine.

23. Dito. — Deux moutons et deux coqs.

24. Dito. — Petit trépied à griffes de lion, orné d'un mascaron; il supporte une amphore à deux anses.

25. Dito. — Buste de femme coiffée en cheveux.

26. Dito. — Bas-relief circulaire, génie tenant un lion, terre cuite enduite d'une couche blanche.

27. Dito. — Deux boîtes de forme circulaire dont les couvercles sont ornés de bas-reliefs représentant Vénus et Adonis.

28. Dito. — Rhyton à tête de bélier. Cette pièce est bien conservée.

29. Dito. — Amphore bachique à deux anses, ornée de mascarons à tête de Sylène et de guirlandes de pampres.

30. Autre amphore, de forme aplatie et circulaire, à deux anses; la panse est ornée de bas-relief avec figures symboliques de l'époque chrétienne.

31. Dito. — Vase à une anse portant une inscription grecque dont les caractères sont en relief; plus deux autres petits vases, dont un a la forme d'une outre.

32. Dito. — Lampe à un seul bec, ornée d'un bas-relief représentant Jupiter avec l'aigle.

33. Dito. — Trois autres lampes à un seul bec, ornées chacune d'un bas-relief

34. Dito. Deux lampes à un seul bec de l'époque chrétienne. Elles offrent en relief la lettre P et une croix.

35. Dito. — Fleuron orné d'un mascaron à tête humaine et de palmettes.

Vases grecs en terre peinte.

36. Basilicate. — Vase à une anse dont la panse est formée par un buste de femme en terre non vernissée; la gorge du vase et l'anse sont noires et décorées de palmettes et de figures en rouge.

37. Nola. — Vase à une anse et ouverture en trèfle, formé par un buste de femme.

38. Dito. — Autre vase semblable.

39. Basilicate. — Rhyton à tête de bélier; la gorge du vase à peinture rouge offre un buste de femme entre deux ailes.

40. Dito. — Rhyton à tête de bœuf; la gorge à peinture rouge présente une femme assise tenant un oiseau.

41. Dito. — Rhyton à tête de lion; la gorge à peinture rouge offre un génie ailé tenant une coupe chargée de fruits.

42. Dito. — Candélabre formé par deux figures de femmes ailées supportant une coupe destinée à recevoir une lampe; la base, supportée par trois griffes de lion, est décorée d'arabesques et de bustes de femmes, peints en blanc. Pièce rare et bien conservée.

43. Dito. — Autre candélabre ou lampadaire, à peinture rouge rehaussée de blanc.

44. Dito. — Vase, forme campane, à deux anses, peinture rouge, sujet bachique.

45. Dito. — Grand vase à deux anses, peinture rouge, sujet héroïque dans lequel est représenté un centaure dont les jambes de devant sont des jambes humaines.

46. Nola. — Vase à trois anses, peinture rouge rehaussée de blanc.

47. Basilicate. — Vase à deux anses, peinture rouge rehaussée de blanc, génie hermaphrodite tenant d'une main une coupe et de l'autre un tympanum.

48. Dito. — Vase formé d'outre, peinture rouge rehaussée de blanc; un génie ailé assis sur un rocher.

49. Dito. — Deux vases à deux anses, peinture rouge.

50. Dito. — Vase forme campane, peinture rouge; d'un côté, une femme assise, de l'autre, une femme debout.

51. Nola. — Lecythus à peinture rouge; femme debout vêtue d'une double tunique et tenant un vase.

52. Vulci. — Œnochoé, ouverture à trèfle, peinture noire rehaussée de blanc; Bacchus et Ariane.

53. Nola — Autre vase de même forme, peinture rouge; jeune femme vêtue d'une tunique talaire et tenant une coupe, se retourne vers un jeune homme qui la suit.

54. Dito. — Autre vase de même forme, peinture rouge; sujet héroïque.

55. Vulci. — Vase à deux anses, peinture noire rehaussée de violet; sujet héroïque.

56. Dito. — Lecythus, peinture noire rehaussée de blanc et de violet; sujet héroïque.

57. Basilicate. — Vase à une anse, peinture rouge rehaussée de blanc; femme assise.

58. Vulci. — Cyathis, peinture noire rehaussée de violet. Minerve combattant un géant; de chaque côté de l'anse un grand œil.

59. Dito. — Amphore à deux anses, peinture noire rehaussée de blanc; sujet héroïque.

60. Nola. — Vase à une anse et ouverture en trèfle; belle couverte noire avec décor de pampres en blanc.

61. Dito. — Vase à une anse et panse cannelée, belle couverte noire unie et très-belle forme.

62. Basilicate. — Deux vases à deux anses, peinture blanche et jaune.

63. Dito. — Deux vases à deux anses, décor de feuillages.

64. Nola. — Coupe à deux anses, peinture rouge en dedans et en dehors; sujets mystiques.

65. Dito. — Coupe à deux anses et pied élevé, peinture noire; elle offre en dehors deux inscriptions grecques.

66. Basilicate. — Coupe à couvercle et deux anses, peinture rouge rehaussée de blanc; sur le couvercle un génie ailé et une femme assise.

67. Nola. — Deux espèces de lampes décorées, en peinture rouge, animaux.

68. Dito. — Dito. Le dessus est orné d'un bas-relief représentant une bacchante tenant un thyrse.

69. Basilicate. — Grand vase à deux anses, peinture rouge et blanche; sous un portique à fronton supporté par des colonnes est un génie hermaphrodite assis, tenant une cassette; sous les anses, des palmettes.

70. Dito. — Autre vase de même grandeur et de même forme avec un décor analogue pouvant faire pendant au précédent.

71. Dito. — Vase à une anse surélevée, peinture rouge et blanche.

72. Dito. — Vase forme campane, peinture rouge; génie ailé debout devant une femme assise.

73. Dito. — Autre vase de mêmes forme et décor.

74. Vulci. — Vase à deux anses, peinture noire; Hercule terrassant un géant; au revers, un sujet bachique.

75. Fabrique phénicienne. — Vase en forme de cercle, à ouverture en trèfle. Décor d'entrelacs rouge et un vase à couvercle.

76. Dito. — Vase ayant la forme d'un lièvre.

77. Dito. — Deux canards.

78. Dito. — Vase formé par un groupe; femme assise sur un canard.

79. Terre noire d'Étrurie. — Deux vases à couvercle et à trois anses.

80. Dito. — Lecythus à panse cannelée, la gorge du vase est ornée d'impressions en creux.

81. — Deux cyathis dont les anses sont ornées de mascarons à têtes humaines en relief.

82. Dito. — Deux coupes dont les bords sont ornés d'entrelacs en relief et de mascarons.

83. Diverses fabriques. — Dix-sept vases et coupes de formes et de décors variés seront vendus sous ce numéro.

Verreries grecques et romaines.

84. Verre blanc verdâtre. — Belle amphore de forme sphéroïdale à deux anses; la panse est ornée de cercles gravés et de cavités orbiculaires chevées au tour du lapidaire ; pièce remarquable par son travail et son volume.

84 bis. Verre blanc. — Environ vingt-huit fioles et ampoules seront vendues sous ce numéro.

85. Verre vert. — Petite amphore en forme de noix.

86. Verre bleu. — Une amphore et une fiole.

87. Verre vert. — Quatre ampoules de formes variées.

88. Verre blanc. — Trois fioles irisées.

89. Verre bleu à chevrons jaunes. — Amphore à deux anses.

90. Verre de diverses couleurs. — Grains d'enfilage et débris divers.

91. Verre incolore. — Vase à une anse et col allongé.

92. Verre bleu à chevrons jaunes et verts. — Sept jolies amphores à deux anses seront vendues séparément.

93. Verre vert. — Petit vase à une anse, filigrané de blanc.

94. Verre incolore irisé. — Coupe ronde et un vase fragmenté.

95. Dito — Une fiole ayant la forme d'un balustre.

96. Verre bleu pâle. — Fiole irisée.

97. Verre jaune. — Fiole, couleur rare.

Marbres.

98. Rouge antique. — Beau mascaron à tête humaine.

99. Marbre blanc. — Statuette d'homme debout à demi drapé.

Bronzes.

100. Mercure debout avec deux petites ailes dans les cheveux; son péplum est relevé sur le bras gauche. Cette belle statuette, qui a les yeux en argent, est remarquable par la beauté du modelé et la belle conservation de la patine. Le piédestal à six pans de travail antique est orné de moulures ciselées.

101. Mercure debout, coiffé du pétase et vêtu d'un ample manteau; il tient une bourse de la main droite.

102. Camille debout, vêtue d'une double tunique et la tête ceinte d'une couronne de fleurs; les yeux sont en argent. Statuette d'une grande beauté.

103. Vénus debout et diadémée dans la pose de la Vénus dite de Médicis. Charmante statuette pourvue d'une belle patine.

104. Vénus debout tenant une draperie, les yeux sont incrustés en argent.

105. Statuette de femme debout diadémée, vêtue d'une tunique talaire.

106. Deux statuettes d'Hercule coiffé de la peau du lion.

107. Mercure debout, tenant d'une main une bourse et de l'autre le caducée.

108. Deux statuettes, Mercure et Hercule.

109. Un sacrificateur ; l'instrument de sacrifice est fixé à sa ceinture.

110. Jolie petite statuette de Cérès ? vêtue d'une tunique talaire.

111. Amour les ailes déployées.

112. Deux statuettes de Pygmée.

113. Deux têtes et un mascaron, plus un ornement d'applique.

114. Anse de vase étrusque, formée de deux guerriers combattant ; entre eux deux est un mascaron barbu. Bronze très-fin.

115. Petit casque dont le cimier est formé par un sphinx.

116. Deux petites cassolettes dont les couvercles sont ornés chacun de deux bustes en regard.

117. Taureau debout et un coq.

118. Un bracelet, deux fibules et deux épingles de têtes.

119. Grand candélabre dont la tige à pans, supportée par trois griffes de lion, est surmontée d'une figurine de Camille.

120. Miroir décoré d'un sujet gravé au trait, le manche se termine par une tête d'animal.

121. Miroir plaqué d'argent, ornements gravés, composés d'entrelacs et de cercles concentriques.

122. Support en forme de trépied à griffes de lion et orné de palmettes.

123. Vase à une anse, ouverture à trèfle, la panse ornée de cannelures.

124. Vase à une anse, terminée par un lion rampant, et une anse de vase.

125. Deux coupes à pieds élevés et munies de deux anses.

126. Lampe formée par un oiseau.

127. Épée romaine.

128. Lampe à un bec, de l'époque chrétienne ; l'anse est formée par une croix surmontée d'un coq.

129. Autre lampe de même époque, avec chaîne de suspension ; l'anse est ornée d'une colombe.

Objets divers.

130. Plomb. — Quatre morceaux de Frise représentant des combats de guerriers à pied et à cheval, objet d'une belle exécution et d'une grande rareté.

131. Ivoire. — Trois tessères, avec bustes et attributs en bas-reliefs aux revers des inscriptions grecques.

132. Dito. — Figurine d'applique. Génie ailé tenant un miroir formé de deux disques.

133. Dito. — Deux styles terminés par des bustes de femme.

Bijoux.

134. Or. — Belle paire de boucles d'oreilles formées par des têtes de lion, avec chaînette et pendants en grenat. Très-beau travail et parfaite conservation.

135. Dito. — Mascaron à figure humaine, de face, au milieu de feuillages.

136. Dito. — Divers bijoux en filigrane ornés de perles et de pierreries.

137. Dito. — Deux bagues, dont une a le chaton orné d'une médaille en bronze.

Pierres gravées.

138. Cinq intailles sur cornaline, bustes d'hommes et de femmes. Ce lot sera divisé.

139. Camée monté en bague. — Un taureau sur agate à deux couches.

140. Autre camée monté en bague, une femme assise. Agate à plusieurs couches.

141. Camée sur sardonyx à deux couches, sujet de bacchanale.

142. Camée sur agate à deux couches, femmes assise.

143. Camée sur agate onyx à trois couches, un guerrier à genoux et armé de toutes pièces.

144. Trois camées sur agate onyx.

Fresques de Pompeïa.

145. Deux grandes peintures dont une représente une femme debout à demi drapée et portant une corbeille de fruits sur la tête.

146. Femme assise tenant une lyre. Très-belle fresque à fond rouge, remarquable par la beauté du dessin et la parfaite conservation des couleurs. Elle est incrustée sur marbre noir.

147. Autre fresque représentant l'enlèvement d'Hélène par Pâris, peinture d'une grande pureté de dessin et d'une belle couleur, incrustée sur fond de marbre noir.

148. Autre dito. — Un satyre assis à terre tient la flûte de Pan. Cette figure est très-expressive.

149. Masque scénique, peinture grisaille qui faisait partie d'une frise, du plus beau style.

150. Buste de femme couronné de pampres.

151. Harpocrate debout, l'index de la main droite sur la bouche, de la gauche il tient une corne d'abondance.

DÉSIGNATION

DES

MÉDAILLES

Médailles grecques en argent.

1. *Calabre. Tarente.* Tête de femme à g. ℞. Cavalier. Mod. 5.

2. — — Taras sur le dauphin. ℞. Cavalier. — ℞. Cavalier, le cheval arrêté par une Victoire. Mod. 5. 2 ps.

3. *Lucanie. Héraclée.* Hercule étouffant le lion. — Coquille. ℞. Poisson. Mod. 2. 1. 3 ps.

4. — *Métaponte.* Tête de femme à g. ℞. Epi. Mod. 5.

5. — — Épi en relief. ℞. Tête de bœuf en creux. Tête de Minerve. ℞. Épi. Mod. 2. 2 ps.

6. — *Thurium.* Tête de Minerve, le casque avec une couronne de laurier. ℞. Bœuf. Mod. 5.

7. — — Tête de Pallas, sur le casque une syrène. ℞. Bœuf cornupète. Mod. 5. Mod. 1. 2 p.

8. — *Vélie.* Tête de Minerve. ℞. Lion marchant. ℞. Lion dévorant un cerf. Mod. 5. 3 ps.

9. *Bruttium in genere.* Bacchus se couronnant. — *Caulonia.* Cerf. Mod. 4—5. 2 ps.

10. — *Crotone.* Trépied en relief. ℞. Trépied en creux. — Tête d'Apollon. ℞. Hercule enfant étouffant deux serpents. Mod. 5. 2 ps.

11. *Locri.* — Tête de Jupiter. ℞. Aigle enlevant un lièvre. Mod. 5.

12. — *Terina.* Tête de femme. ℞. Victoire assise. Mod. 2,

13. *Sicile. Agrigente.* Aigle sur un chapiteau de colonne. ℞. Crabe. Mod. 6. Mod. 4. 2 ps.

14. — *Gelas.* Partie antérieure de bœuf à face humaine. ℞. Cavalier au galop. Mod. 5. ℞. Cheval libre. Mod. 1. 2 ps.

15. *Himera.* Coq. ℞. Carré creux. Mod. 5. *Fistulis.* ℞. Coquille.

16. *Leontini.* Tête laurée d'Apollon. ℞. Tête de lion entre quatre grains d'orge. Mod. 7.

17. *Panorme.* Tête d'Hercule. ℞. Buste de cheval, derrière un palmier. Mod. 7.

18. — *Segeste.* Tête de femme à dr. ℞. Chien marchant; derrière, trois épis. Mod. 5.

19. — *Syracuse.* Tête de femme, les cheveux retroussés par derrière; quatre poissons. ℞. Bige, ancien style. Mod. 7. 2 ps.

20. — — ℞. Bige; dessous, un grand serpent. Mod. 7. 2 ps.

21. — — Tête casquée. ℞. Diane chasseresse tirant de l'arc et suivie par un chien. Mod. 6.

22. *Roi de Sicile. Agatoclès.* Tête de femme avec des épis dans les cheveux. ℞. Victoire couronnant un trophée. Triquetra.

23. *Reine de Sicile. Philistis.* Sa tête voilée. ℞. Quadrige au pas. Mod. 7,

24. — — Pièce semblable.

25. *Thrace. Chersonesus.* Partie antérieure de lion. ℞. Carré creux. Mod. 2.

26. *Thasos.* Tête de Bacchus jeune. ℞. Hercule debout appuyé sur sa massue. Mod. 8.

27. *Roi de Thrace. Lysimaque.* Tête du roi avec la corne de Jupiter Ammon. ℞. Pallas Nicéphore assise. Mod. 7.

28. — Pièce semblable.

29. *Macédoine* sous les Romains. Tête de jeune homme les cheveux épars. ℞. *Aesilas.* Massue, ciste et table carrée. Mod. 8.

30. Pièce semblable.

31. *Macédoine.* ℟. Proue de vaisseau. Mod. 2. *Chalcis.* ℟. Lyre. — *Neapolis.* Masque de face. Mod. 2—1. 3 ps.

32. *Roi de Macédoine. Philippe II.* Tête barbue. ℟. Cavalier tenant une longue palme. Mod. 6.

33. — *Philippe IV.* Tête du roi. ℟. Cavalier. Mod. 2.

34. *Epire.* Têtes accolées de Jupiter et Junon. ℟. Foudre dans une couronne. Mod. 3.

35. *Boeotie. Thèbes.* Tête casquée à dr. ℟. ΘΕΒ. Diota. Mod. 5.

36. *Ile de l'Attique. Aegine.* Tortue. ℟. Carré creux. Mod. 5

37. *Phocide.* Tête de bœuf de face. Mod. 1. *Aetolie.* Tête d'Atalante. ℟. Sanglier, dessous fer de lance. Mod. 2. 2 ps.

38. *Incertaine d'Ionie,* en électrum. Tête d'Ammon. ℟. Aigle dans un carré. Mod. 2.

39. *Carie. Rhodes.* Tête du soleil de face. ℟. Fleur du balaustium. Mod. 5.

40. *Roi de Galatie. Amyntas.* Tête casquée de Minerve. ℟. Victoire tenant un thyrse. Mod. 8.

41. *Roi de Syrie. Démétrius I*[er]. Tête du roi. ℟. Corne d'abondance. Mod. 4.

Grecques en bronze.

42. *Italie supérieure. Ravenna. Félix Ravenna.* Tête tourrelée. *Etrurie.* Tête d'Hercule. ℟. Lion. 2 ps.

43. *Etrurie. Volterra.* Double tête de Janus. ℟. FELATRI. Une massue et un point.

44 — — Double tête de Janus. ℟. FELATRI. Une massue et trois points.

45. *Latium. Aquino.* Tête de Pallas. ℟. Coq. *Samnium. Aesernia.* Tête de Vulcain. ℟. Bige. 2 ps.

46. *Campanie. Cales.* Tête de Pallas. ℟. Coq. ℟. Bœuf couronné par la Victoire. ℟. Bœuf; au-dessus, étoile. 3 ps.

47. — *Naples.* Tête d'Apollon. ℟. Trépied. ℟. Bœuf couronné par la Victoire. ℟. Cortyne et lyre. 4 ps.

48. *Nuceria.* Tête d'Apollon. R. Cheval debout. — *Suessa.* Tête de Mercure. ℟. Hercule étouffant le lion. — Tête d'Apollon. ℟. Bœuf couronné par la Victoire. — Incertaine de la *Campanie.* ℟. ROMANO. Cheval libre. 4 ps.

49. *Apulie. Arpi.* Cheval libre. ℟. Bœuf cornupète. — Tête de Jupiter. ℟. Sanglier. *Barium.* Tête de Neptune; derrière, deux points. ℟. L'Amour sur une proue de vaisseau. 3 ps.

50. *Luceria.* Tête d'Hercule derrière quatre points. ℟. Carquois et massue. Tête d'Apollon derrière un point. ℟. Grenouille. *Rubustini.* ℟. La Fortune. 4 ps.

51. *Salapia.* Tête d'Apollon. ℟. Cheval libre; au-dessus, un trident. *Calabre. Brundusium.* Tête de Neptune; dessous, S. ℟. Arion avec sa lyre sur un Dauphin. Même type, quatre points. 3 ps.

52. *Calabre. Butuntum.* Coquille. ℟. Arion sur un Dauphin. *Lucanie. Héraclée.* Tête de Pallas. ℟. Hercule nu debout. *Metaponte.* Tête de femme. ℟. Épi. 3 ps.

53. *Lucanie. Paestum.* Tête de Neptune. ℟. Arion sur le Dauphin. *Bruttium.* Tête d'Hercule. ℟. Pallas combattant. 3 p.

54. *Bruttium.* Tête de Mars. ℟. Pallas combattant. 5 ps.

55. — Tête de Jupiter. ℟. Aigle. — Tête de femme. ℟. Bige. — Tête de la Victoire. ℟. Jupiter foudroyant. — Tête d'Apollon. ℟. Crabe. 5 ps.

56. *Rhegium.* Tête d'Apollon. ℟. Tête de lion de face. — Têtes accolées des Dioscures. ℟. Mercure debout. 3 ps.

57. *Valentia.* Tête de femme; derrière, S. ℟. Double corne d'abondance. S. — Tête de Minerve; derrière, quatre points. ℟. Chouette. ℟. Chouette de face. 4 ps.

58. *Sicile. Gelas.* Tête de jeune homme. ℟. Bœuf et trois points. *Mamertini.* Tête laurée d'Apollon. ℟. Dioscure debout près de son cheval. 2 ps.

59. *Syracuse.* Tête d'Apollon. ℟. Aigle. Tête de Pallas. ℟. Cheval marin. ℟. Bige. 3 ps.

60. — Aigle, bige, chouette. 3 ps.

61. — Aigle, foudre, Minerve combattant. 3 ps.

62. — Minerve combattant, griffon, trident. 4 ps.

63. — Cheval libre, Minerve combattant, taureau cornupète. 5 ps.

64. *Tauromenium.* Tête laurée d'Apollon. ℞. Lyre. ℞. Bellerophon sur Pégase. 2 ps.

65. *Roi de Sicile. Phintias.* ℞. Sanglier. *Agatocles.* ℞. Foudre. 3 ps.

66. *Ile de Sicile. Caene.* Cheval libre. ℞. Griffons. *Épire.* Tête de Jupiter. ℞. Foudre. — *Apollonie.* Tête de Jupiter. ℞. Aigle dans un carré creux. 3 ps.

67. *Corcyre.* Tête de Neptune. ℞. Proue de vaisseau. — *Acarnanie. Leucade.* Junon debout. ℞. Proue de vaisseau. *Aeniades.* Tête du fleuve Acheloüs. 3 ps.

68. *Boeotie.* Bouclier béotien. ℞. Trident. — *Achaïe. Patrae.* Marc-Aurèle, Septime-Sévère, Caracalla. 4 ps.

69. *Achaïe. Sicyone.* Colombe. ℞. ΣΙ dans une couronne. *Roi de Bithynie. Prusias.* Tête d'Apollon ; derrière, lyre. ℞. Victoire debout. *Pont. Amisus.* Tête de Bacchus. ℞. Ciste. 3 ps.

70. *Ionie. Milet.* Lion regardant derrière lui. — *Cilicie. Pompeiopolis.* Tête de Sextus Pompée. ℞. Bœuf. 2 ps.

71. *Syrie in genere.* Tête de Sévère-Alexandre. ℞. Tête de Mamée. — *Hieropolis.* Caracalla. Élagabale. 3 ps.

72. *Judée. Agrippa II.* Vespasien. *Cyrenaique.* Téte d'Apollon. ℞. Lyre. 3 ps.

73. *Egypte. Alexandrie.* Néron. ℞. Tête de Poppée.

Impériales en argent.

74. *Juba père.* Sa tête. ℞. Temple ; inscription numidique.

75. *Jules César.* Sa tête laurée à d. ℞. Pallas Nicéphore debout (famille Aemilia).

76. — Sa tête laurée. ℞. Caducée, deux mains jointes, thyrse, etc. (famille Aemilia).

77. — Sa tête voilée. ℞. Pallas Nicéphore debout (de la famille Sepullia).

78. *Pompée le Grand.* Sa tête entre un lituus et un simpulum. ℞. Anapius et Amphinomus portant leurs parents, etc.

79. *Marc-Antoine et Cléopâtre.* Leurs têtes accolées. ℞. Ciste mystique, Cistophore. Médaillon.

80. *Lucius Antonius.* Sa tête. ℞. Tête de *Marc-Antoine.*

81. — Médaille semblable.

82. *Caligula.* Tête laurée. ℞. Tête radiée d'*Auguste.*

83. *Claude.* Sa tête. ℞. *Paci augustae.* Nemesis debout.

84. *Néron.* Sa tête jeune. ℞. Sur un bouclier, *equester ordo principi juvent.*

85. — ℞. *Armeniac.* Victoire. Quin.

86. *Vespasien.* Un denier et un quinaire.

87. *Titus.* ℞. Victoire marchant. Quin.

88. *Trajan.* Sa tête. ℞. ΔΗΜΑΡΧ. ΕΞ. ΥΠΑΤΟΣ. Aigle légionnaire entre deux enseignes militaires. Méd.

89. *Trajan.* ℞. Tête du Soleil. ℞. La Fortune assise. 2 ps.

90. *Hadrien.* ℞. Victoire assise. Quin. — *Sabine.* ℞. *Pudicitia.* Femme voilée. 2 ps.

91. *Aelius.* Sa tête. ℞. La Concorde assise.

92. *Antonin.* ℞. La Fortune debout. — *Faustine mère.* ℞. *Pietas aug.* Temple héxastyle. 2 ps.

93. *Pertinax.* Sa tête. ℞. L'Équité debout.

94. *Julia Domna.* ℞. *Diana Lucifera.* Diane dans un bige. *Caracalla.* ℞. Victoire assise. ℞. Jupiter debout. ℞. Vénus debout. 4 ps. Gr. mod.

95. *Diadumenien.* ℞. *Principi juventutis.* L'empereur et trois enseignes militaires.

96. *Orbiane.* ℞. La Concorde assise.

97. *Sévère Alexandre.* — *Julia Soemias.* — *Julia Paula.* — *Maximin Ier.* 4 ps.

98. *Maxime.* ℞. *Pietas aug.* Instruments de sacrifice.

99. *Balbin* ℟. *Pietas mutua aug*. Deux mains jointes (Gr. mod.

100. *Aemilien*. ℟. L'Espérance debout. ℟. Mars debout. ℟. Diane debout. 3 ps.

101. *Aemilien*. ℟. Mars debout. ℟. Hercule debout. ℟. Diane debout. 3 ps.

102. *Mariniana*. ℟. L'impératrice enlevée au ciel par un paon.

103. *Gallien*. Restitutions de Vespasien, Nerva, Trajan, Antonin. 6 ps.

As et Divisions.

104. *As*. Tête de Janus. ℟. Proue de vaisseau.

105. *Semis*. Tête de Jupiter. ℟. Proue de vaisseau.

106. *Triens*. Tête de Minerve. ℟. Proue de vaisseau. — Buste de cheval. ℟. Buste de cheval. — Foudre. ℟. Dauphin. 3 ps.

107. *Quadrans*. Tête d'Hercule. ℟. Proue de vaisseau. Main. ℟. Main.

— *Sextans*. Coquille. ℟. Caducée. 3 ps.

Médaillons contorniates en bronze.

108. *Jules César*. ℟. *Aeternit. p. r.* L'empereur dans un quadrige de face.

109. *Néron*. ℟. Le cirque.

110. — ℟. L'empereur debout; à ses pieds, une ville agenouillée devant une citadelle renfermant des soldats.

111. — ℟. Personnage debout; à ses côtés, une femme assise et un troisième personnage accroupi.

112. — ℟. *Eutemius*. Quadrige de face.

113. — ℟. Trois figures devant un autel dans un temple distyle.

114. — ℟. Vaisseau à la mer, et le monstre Scylla.

115. — ℟. *Diva Faustina aug*. Faustine jeune sacrifiant devant un autel.

116. — ℞. *Stefanas.* Vainqueur aux courses, dans un quadrige.

117. *Vespasien.* ℞. Méléagre attaquant le sanglier.

118. *Trajan.* ℞. Le monstre Scylla précipitant des marins dans la mer.

119. — ℞. *Eutime vincas.* Quadrige au galop.

120. Quatre autres contorniates d'une mauvaise conservation.

121. *Caracalla.* Buste à gauche de l'empereur armé d'une lance et d'un bouclier. ℞. *Pontifex. tr. p.* X. *cos.* II. Victoire debout entourée de neuf enfants. Cet intéressant médaillon est inédit.

122. *Caracalla.* Buste à gauche avec le paludamentum, contremarque de moderne. ℞. Victoire assise sur un monceau d'armes, tenant un bouclier sur lequel est écrit: *Vic. aug.* Ce médaillon est faux, ainsi que la contremarque.

123. *Trajan Déce.* ℞. *Felicitas sæculi.* La Félicité debout. Médaillon.

Grands bronzes romains.

124. *Auguste.* Sa tête laurée. ℞. Restitution de Nerva.

125. — Pièce semblable.

126. *Tibère.* Tête nue. ℞. *Romæ et Aug.* Autel de Lyon.

127. — Sans sa tête. ℞. *Divo Augusto s. p. q. r.* L'empereur sur un char traîné par quatre éléphants. 2 ps.

128. *Caligula.* Sa tête laurée. ℞. *S. p. q. r. ob cives servatos,* dans une couronne.

129. — — ℞. *Adlocut. coh.* L'empereur haranguant ses soldats.

130. — La Piété assise. ℞. Un sacrifice.

131. *Agrippina senior.* Sa tête à droite. ℞. *Ti Claudius,* etc.

132. *Drusus junior.* ℞. Têtes de ses deux enfants sur deux cornes d'abondance.

133. *Néron.* ℞. Arc de triomphe.

134. — ℟. Rome assise.
135. — ℟. La Fortune assise et l'Abondance debout.
136. — Portes du temple de Janus.
137. — ℟. Rome assise.
138. — ℟. Portes du temple de Janus. ℟. Port d'Ostie. 2 ps.
139. — ℟. Arc de triomphe. ℟. Rome assise. 2 ps.
140. *Galba*. ℟. *S. p. q. r. ob. civ. ser.* dans une couronne.
141. — ℟. *Sine épig.* Victoire tenant une couronne et une palme.
142. — ℟. *S. p. q. r. ob. civ. ser.* dans une couronne.
143. — ℟. Semblable. ℟. Victoire marchant à g. 2 ps.
144. — *Vitellius*. ℟. Mars passant.
145. *Vespasien*. ℟. Pallas Nicéphore debout. ℟. Victoire écrivant sur un bouclier. 2 ps.
146. — ℟. L'Espérance debout. ℟. *Fortunæ reduci.* La Fortune debout. 2 ps.
147. — ℟. *Judaea capta.* La Judée assise au pied d'un palmier, et Captif debout.
148. *Titus*. ℟. La Fortune debout. ℟. Victoire écrivant sur un bouclier. 2 ps.
149. — La Paix debout. ℟. Victoire écrivant sur un bouclier.
150. *Julie, fille de Titus*. Sans la tête. ℟. Carpentum.
151. *Domitien*. ℟. *Jovi victori.* Jupiter assis.
152. *Nerva*. ℟. La Fortune debout.
153. — ℟. *Vehiculatione Italiæ remissa.* Deux mules.
154. *Trajan*. ℟. Temple octostyle.
155. — ℟. L'Espérance assise. ℟. Captif assis au pied d'un trophée. 2 ps.
156. — ℟. *Rex Armenis datus.* L'Empereur sur une estrade, et trois figures.
157. — ℟. Pont sur le Danube. ℟. L'Espérance assise. 2 p.
158. — ℟. La Fortune assise. ℟. La Fortune debout. 2 ps.
159. — ℟. L'Espérance assise. ℟. La Fortune debout. 2 ps.

160. — ℟. *Rex Parthis datus.* L'Empereur sur une estrade, et trois figures debout.

161. — ℟. *Tr. pot. cos.* II. L'Espérance assise.

162. — ℟. Figure assise au pied d'un trophée.

163. — ℟. L'Empereur à cheval terrassant un ennemi.

164. — ℟. Pièce semblable.

165. *Hadrien.* ℟. *Fortunæ reduci.* L'Espérance et la Fortune debout.

166. — ℟. *Virt. aug.* Mars debout.

167. — ℟. La Fortune debout.

168. — ℟. Galère.

169. — ℟. L'Hilarité debout. ℟. Mars debout. 2 ps.

170. — ℟. Pallas Nicéphore assise. ℟. L'Hilarité debout.

171. — ℟. Neptune debout. ℟. Femme tenant deux enseignes. 2 ps.

172. — ℟. La Fortune assise. ℟. La Fortune debout. 2 ps.

173. — ℟. Rome assise.

174. *Sabine.* ℟. La Concorde assise.

175. — ℟. La Piété assise.

176. — ℟. La Piété assise.

177. *Aelius.* ℟. L'Espérance marchant.

178. *Antonin.* ℟. Tête jeune de Marc-Aurèle.

178 bis. — ℟. Cérès assise; devant elle est un modius rempli d'épis.

179. — ℟. La Fortune debout.

180. — ℟. L'Empereur debout.

181. *Faustine mère.* ℟. Junon debout.

182. — ℟. L'Éternité assise tenant un globe surmonté d'un phénix.

183. — ℟. L'Éternité debout.

184. *Marc-Aurèle.* ℟. Marc-Aurèle et Verus se donnant la main. ℟. *Juventus.* Femme debout devant un autel. 2 ps

185. — ℟. Higiée présentant une patère à un serpent. ℟. La Fortune assise. 2 ps.

186. — ℞. Victoire debout soutenant un bouclier sur lequel est écrit *vic. par.*

187. *Faustine jeune.* ℞. L'Éternité assise. ℞. Cybèle assise entre deux lions. 2 ps.

188. — Vénus debout. ℞. *Laetitia.* Femme debout. 2 ps.

189. *Verus.* ℞. Marc-Aurèle et Verus se donnant la main.

190. *Lucille.* ℞. La Piété sacrifiant devant un autel.

191. — ℞. *Hilaritas.* Femme debout.

192. *Commode.* ℞. Type de la Libéralité.

193. — Même type.

194. *Didia Clara.* ℞. *Hilari. tempor.* Femme debout.

195. *S. Sévère.* ℞. La Fortune debout.

196. *Julia Domna.* ℞. *Mat. aug. mat. sen. mat. pat.* Cybèle.

197. — ℞. *Junonem.* Junon debout.

198. *Caracalla.* ℞. La Liberté debout.

199. — ℞. La Liberté debout. Contremarque de Modène.

200. — ℞. Mars Tropéophore marchant.

201. — ℞. La Liberté debout. ℞. Vénus Victrix debout. 2 ps

202. — ℞. La Providence debout.

203. *Geta.* ℞. Trois figures sacrifiant devant un autel.

204. *Elagabale.* ℞. La Liberté debout.

205. — ℞. *Victoria Antonini aug.* Victoire marchant.

206. *Maesa.* ℞. La Piété debout.

207. — ℞. *Saeculi felicitas.* Femme debout sacrifiant devant un autel. 2 ps.

208. *Mamée.* ℞. *Saeculi felicitas.* Femme debout tenant un long caducée. — *Maximin Ier.* ℞. Victoire marchant. 2 ps.

209. *Maximin Ier.* La Providence debout. ℞. Hygiée assise. 3 ps.

210. *Maxime.* ℞. *Pietas aug.* Instruments de sacrifice.

211. — ℞ *Principi juventutis.* L'Empereur debout et deux enseignes.

212. — *Gordien d'Afrique père.* ℞. *Securitas aug.* La Sécurité debout.

213. *Balbin.* ℟. Jupiter debout.
214. — ℟. *Votis decennalibus s. c.* Dans une couronne avec la contremarque de Modène.
215. — ℟. La Providence debout.
216. — *Pupien.* ℟. La Paix assise. 2 ps.
217. — ℟. Même revers. 2 ps.
218. — ℟. La Concorde assise.
219. *Gordien III.* ℟. La Fortune assise.
220. *Philippe père.* ℟. *Fides militum.* Femme debout tenant deux enseignes.
221. — ℟. Junon debout.
222. *Otacille.* ℟. La Concorde assise.
223. -- La Concorde debout.
224. — ℟. La Concorde assise.
225. *Philippe fils.* ℟. *Liberalitas Aug. III.* Les deux empereurs assis.
227. *Trajan Dèce.* ℟. Victoire debout.
228. *Etruscille.* ℟. *Pudicitia.* Femme assise.
229. *Etruscus.* ℟. *Pietas augg.* Mercure debout.
230. *Gallien.* ℟. Mars debout.
231. *Postume.* ℟. *Victoria aug.* Victoire marchant; à ses pieds, un captif.
232. — ℟. Femme debout tenant deux enseignes.
233. — ℟. Mars debout.
234. — ℟. Victoire marchant; à ses pieds, un captif.

Moyens bronzes romains.

235. *Auguste.* ℟. *Providentia.* Autel. ℟. Aigle, restitution de Nerva. 2 ps.
236. — ℟. Aigle sur un globe. ℟. *Gallius Lupercus,* etc. 2 ps.
237. *Livie* sous les traits de la Santé.
238. — Sous les traits de la Piété.
239. *Agrippa.* ℟. Neptune. *Agrippa et Auguste.* ℟. Crocodile enchaîné; colonie de Nismes. 3 ps.

240. *Claude*. ℟. Pallas armée d'une lance et d'un bouclier. *Antonia*. ℟. Claude en grand prêtre debout. 2 ps.

241. *Antonia*. Même revers. Germanicus. ℟. *C. Caesar*, etc. 2 ps.

242. *Germanicus*. Même revers. 2 ps.

243. *Drusus junior*. ℟. *Tribun potest*, etc.

244. *Nero et Drusus caesares*. Néron et Drusus à cheval.

245. *Néron*. ℟. Portes du temple de Janus. ℟. Victoire portant un bouclier. 2 ps.

246. — ℟. Victoire portant un bouclier. La Sécurité assise. 2 ps.

247. *Galba*. ℟. Vesta assise. — *Vespasien*. ℟. La Fortune debout. 2 ps.

248. *Julie, fille de Titus*. ℟. Vesta assise.

249. *Nerva*. ℟. *Concordia exercituum*. Deux mains jointes. *Trajan*. ℟. La Fortune debout. 2 ps.

250. *Trajan*. ℟. La Fortune assise. ℟. Femme debout sacrifiant. 2 ps.

251. *Hadrien*. ℟. *Hilaritas*. Femme debout ; à ses pieds, deux enfants. ℟. Galère avec des rameurs. 2 ps.

252. *Sabine*. ℟. *Concordia aug*. Femme assise.

253. *Faustine mère*. ℟. La Concorde debout. — *Marc Aurèle*. ℟. Hygiée présentant une patère à un serpent. 2 ps.

254. *Faustine jeune*. ℟. La Fécondité debout avec quatre enfants.

255. *Vérus*. ℟. Les deux empereurs se donnant la main. — *Lucille*. ℟. Vénus debout. 2 ps.

256. *Commode*. ℟. *Hilaritas*. Femme debout. *Crispine*. ℟. *Laetitia*. La Fortune debout. 2 ps.

257. *S. Sévère*. ℟. Némésis debout. — *Julia Domna*. ℟. *Cererem*. Cérès debout. 2 ps.

258. *Julia Domna*. ℟. Quatre figures sacrifiant dans le temple de Vesta. ℟. La Fécondité assise ; à ses pieds, un enfant. 2 ps.

259. — ℞. Temple de Vesta et quatre figures. ℞. L'Hilarité debout.

260. *Geta*. ℞. La Fortune assise. *Macrin*. ℞. La Fortune debout tenant un long caducée. 2 ps.

261. *Macrin*. ℞. Jupiter debout. ℞. La Providence debout. 2 ps.

262. *Diaduménien*. ℞. *Principi juventutis*. L'empereur et trois enseignes militaires.

263. — Même revers.

264. *Julia Soemias. Venus coelestis*. Vénus debout.

265. *Paula*. ℞. *Concordiae aeternae*. L'empereur et l'impératrice se donnant la main ; au milieu, une troisième figure.

266. *Alexandre Sévère*. ℞. Victoire écrivant sur un bouclier. Maximin Ier. ℞. Victoire marchant. 2 ps.

267. *Maximin Ier*. ℞. Hygiée assise.— ℞. La Paix debout. 2 ps.

268. *Maxime*. ℞. *Pietas aug*. Instruments de sacrifice.

269. *Gordien III*. ℞. Jupiter Stator debout. ℞. L'Équité debout. 2 ps.

270. *Tranquilline*. Frappée à Samos. ℞. CAMIΩN. La Fortune.

271. *Philippe père*. ℞. *Laet. fundata*. Femme debout. — Otacille. ℞. La Concorde assise. ℞. *Saeculares aug*. Cippe. 3 ps.

272. *Philippe fils*. ℞. *Principi juventutis*. — L'empereur debout. — *Trébonien Galle*. — La Piété debout. 2 ps.

273. *Etruscille*. ℞. *Pudicitia*. Femme assise. *Trajan Dèce*. ℞. La Libéralité debout. 2 ps.

274. *Valérien père*. ℞. *Votis decennalibus* dans une couronne. *Aurélien*. ℞. L'empereur et l'impératrice se donnant la main ; au-dessus, la tête du soleil. *Severine*. ℞. Junon debout. 3 ps.

Petits bronzes romains.

275. *Tibère*. ℞. Autel de Lyon. *Claude*. ℞. Modius. 4 ps.

276. *Néron*. ℞. Table des jeux. ℞. Casque sur une couronne. ℞. Rome casquée assise. 4 ps.

277. — ℞. Table des jeux. ℞. Apollon jouant de la lyre. *Domitien*. Tête de femme casquée. ℞. *S. c*. dans une couronne. Sa tête. ℞. Corne d'abondance. 4 ps.

278. *Domitien*. ℟. Un arbre. ℟. Hippopotame. ℟. Corne d'abondance. 4 ps.

279. *Trajan*. ℟. Diota et couronne sur une table. ℟. Massue. ℟. Veau. 4 ps.

280. *Hadrien*. ℟. Aigle entre un hibou et un phénix.

281. — ℟. Lyre.

282. *Annius Verus?* Tête d'enfant voilée. ℟. *S. c.* dans une couronne.

283. *Plautille. Geta. Trajan Dèce. Postume*. ℟. Tête du Soleil. *Pacator orbis*. 4 ps.

284. *Laelien*. ℟. Victoire marchant. En billon.

285. *Claude le Gothique. Probus*. ℟. *Victoria germ*. Deux captifs au pied d'un trophée. 3 ps.

286. *Dioclétien. Maximien Hercule*. 2 ps. en petit module.

287. *Allectus*. ℟. *Laetitia*. Navire à la voile.

288. *Romulus*. ℟. *Æterna memoria*. Temple.

289. *Delmatius*. ℟. Deux guerriers près d'une enseigne.

290. *Vetranio*. ℟. L'Empereur tenant deux enseignes.

Monnaies royales de France

EN ARGENT ET EN BILLON.

291. *Charlemagne. Melle. Louis le Débonnaire. Christiana religio*. Temple. 4 ps.

292. *Charles le Chauve. Le Mans. Orléans*. 4 ps.

293. — *Blois. Paris. Courtisson*. 3 ps.

294. *Louis le Bègue. Tours*.

295. *Charles le Gros. Arles. Charles le Simple. Melle*. Denier

296. *Eudes. Angers. Blois. Limoges*. 4 ps.

297. *Eudes. Limoges. Lothaire*, roi. *Bourges*. 6 ps.

298. *Philippe Ier. Étampes. Orléans*. 2 ps.

299. *Louis VI. Nevers*. Deniers et oboles. 5 ps.

300. *Louis VI. Mantes. Orléans. Pontoise. Etampes. Louis VII. Paris. Bourges*. 7 ps.

301. *Philippe-Auguste. Louis VIII. Louis IX. Philippe IV*. 7 ps.

302. *Charles VII. Paris. Louis X*. Gros tournois. Etoile. 2 ps.

303. *Louis X*. Etoile. *Charles le Bel*. Demi-gros tournois. 2 ps.

304. *Charles V. VI. VII. Henri V.* Double blanc frappé à Rouen.

305. *Henri V. Calais. Henri VI. Rouen. Charles VII. Louis XI. XII.* 5 ps.

306. Cent monnaies seigneuriales de la Champagne, l'Anjou, la Bretagne, la Navarre, la Lorraine, l'Alsace. Ce lot sera divisé.

SUPPLÉMENT.

307. *As* pondéral. Double tête de Janus. ℞. Proue de vaisseau.

308. — Mêmes têtes et même revers.

309. *Triens.* Foudre. ℞. Foudre. *Sextans.* Coquille. ℞. Foudre. 2 ps.

310. *Trajan.* ℞. Victoire assise. Arg. quinaire. 2 ps.

311. *Hadrien.* ℞. Victoire debout. Arg. quinaire. Numérien. ℞. Mars debout. Æ. Quinaire. 2 ps.

312. *Néron.* ℞. *Annona Augusti Cérès.* L'Espérance assise et la Fortune debout. Gr. bronze.

313. *Marc Aurèle.* La Fortune debout. Gr. bronze.

314. *Caligula.* ℞. Vesta assise.

315. *Néron.* ℞. Victoire portant un bouclier. 2 moyens br.

316. *Galba.* ℞. *S. p. q. r. Ob. civ. ser.* dans une couronne. ℞. La Fortune debout. 2 moyens bronzes.

317. *Domitien.* L'Équité debout. *Geta.* ℞. La Fortune assise. 2 moyens bronzes.

318. Sous ce n° on vendra des grands et moyens bronzes et autres pièces d'une bonne conservation et non cataloguées.

319. Sous ce n° on vendra des lots semblables, mais d'une moins bonne conservation.

RENOU et MAULDE, Imprimeurs de la Compagnie des Commissaires-Priseurs, 144, rue de Rivoli. 9684

www.ingramcontent.com/pod-product-compliance
Ingram Content Group UK Ltd.
Pitfield, Milton Keynes, MK11 3LW, UK
UKHW020523180726
13839UKWH00005B/2266

9 782329 388120